그때 나는 혼자였고
누군가의 인사가 그리웠으니까

순간을 반으로 자르면 순간순간이 될까요
그럼 우리는 더 많은 시간을 살게 될까요

지나간 것은 돌이킬 수 없다는 사실을 알게 된 후부터
글을 짓고 기록하는 일을 좋아하게 되었습니다.
밥처럼 지어놓은 문장들은 시간을 돌이킬 순 없어도
돌아보게 만드는 힘은 가지고 있다고 믿습니다.

비밀이 많은 나무는 가지가 많다는 비밀

같은 문장 앞에서

아끼는 친구의 생일, 집 근처 서점에 가서 책을 한 권 골랐다.
이미 읽었던 책이지만, 읽을 때마다 새로우니 내게 한 번, 그에게 또
한 번 선물이 될 책이다.

친구를 만나러 가는 길에 잠시 책을 들춰보았다. 손가락 끝을 세
워 페이지의 모서리를 정성들여 접고서 문득, 이 책은 선물할 책
이었다는 걸 깨달았다.

어느 날 그 친구가 책을 읽다 내가 접어놓은 페이지의 한 문장 앞
에 멈춰 서서 우연히도 같은 문장을 여러 번 반복해서 읽는다면.
반듯하게 접힌 이 자국은 무엇이냐 물어오면 우리의 결이 조금
닮았나 봐, 라고 말해주고 싶다.

영원은
찰나에 있다고

때론 특별하게 느껴지던 일상이 반복되고
시퍼렇게 날이 서있던 감정의 모서리들이 깎이고 다듬어져서
뭉툭해져도 다시 어딘가에, 혹은 누군가에게 부딪히고 깨져
날카로움을 확보해야 합니다.

매일 맞이하는 아침은 언제나 그저 아침일 뿐일지도 모르지만,
당신이 당신의 목소리로 당신에게 건네는 첫마디나
눈을 뜨자마자 바라보게 될 무언가는 오직 당신에게 달려 있으므로
매일 조금씩 다른 것을, 특별한 것을 선물해주자고요.

어쩌면 우리가 그토록 바라고 원하는 기적이라는 게
바로 옆에 앉아 있을 수도 있는 거니까요.

영원은 찰나에 있다고 믿으면서.
그 찰나는 지금도 우리 곁을 지나고 있다고 믿으면서.

인상이
좋은 사람

시간은 온몸에 쌓이고, 그 모든 흔적은 얼굴에 드러난다.
아무것도 하지 않고 가만히 있을 때의 표정.
표정을 지으려 하지 않고 이미 지어져 그대로 굳어진 얼굴에는
저마다 다른 깊이의 실금이 새겨져 있다.

그 안에는 보이지 않지만, 우리가 무의식중에 사용하고 뱉어낸
단어의 결 같은 것이 자리를 잡고 있다. 나무의 잎맥이나 나이테처럼.
그게 우리가 말하는 인상이 되는 것.

인상 좋은 사람들이 주위에 더 많아졌으면 좋겠다.
서로에게 좋은 금을 새겨줄 수 있는 사이가 되면 좋겠다.

누군가를 떠올리며 적은 글인데,
그 사람이 이 글을 읽고 글의 주인공이 자신이라는 생각에
한 번 더 미소 지었으면 좋겠다.

좋은 일들이 차근차근 가득해졌으면 좋겠다.
좋은 건 너무 좋으니까. 좋아하는 걸 좋아하며 사는 건
정말 좋은 일이니까.

소원

사람은 살면서 이백 가지 소원을 빌어요.
근데 있죠, 이루어지는 건 삼백 가지래요.
누군가 나를 위해 빌어주는 소원도 있어서요.
거참 행복하지 않은가요.

무거운 꿈

바다에 간 엄마에게 사진과 함께 카톡이 도착했다.
아들, 이 별은 얼마나 무거운 꿈을 꾸었길래 이곳에 떨어졌을까?

마땅한 대답을 찾다가, "예뻐요, 엄마."라고 했다.
내가 이렇게 예쁜 이유가 엄마를 닮아서 그런가
엄마는 분명 천사였을 거야. 하늘 나라를 가꾸던.

아침

눈을 뜨자마자 창문을 활짝 열고,
세탁기가 가득 차기 전에 세탁을 시작하고,
쓰레기통이 가득 차기 전에 쓰레기통을 비우는 일은
가끔이지만 스스로를 대견스럽게 여길 수 있는 좋은 기회가 된다.

방 한쪽에 걸려있는 세계 지도는
매일 같이 들여다봐주지 못한 죄책감에
오늘은 손으로 한 번 천천히 쓰다듬어 주었다.
꼭 가보고픈 나라의 이름을 소리 내어 발음하면서.

계단은 오르고 내리는 거야.
빛은 물드는 거고.

마음은 스며드는 거고,
사람은 지키는 거야.
오래오래.

모두가
잠든 밤

그런 날이 존재할까
단 한 사람도 빠짐없이
잠든 밤
아무런 소리도, 아무런 빛도 없는
모두가 잠든 밤.

보물찾기

어찌됐든 삶이 이어지면서 계획하지 않은 일들이 생기겠지만,
그 속에서 고개를 빼꼼 내밀고 있는 행복을 발견해야지.
난 보물찾기를 잘하는 어린이였으니까.

비행기 꼬리칸

제주에 오래 머물렀어. 육지로 돌아갈 날이 다가오고 있었는데, 그때 마침 네가 제주에 온다는 소식을 들었지. 당일치기라고 했어. 너는 애정하는 사람과 장소가 있으면 아낌없이 시간을 쏟는 사람이니깐.

시간이 괜찮으면 얼굴을 보자고 했어. 너는 운전을 배운 적이 없었고, 나는 운전을 할 줄 알고. 마침 빌린 자동차도 있었고. 운전을 할 수 있다는 게 이토록 큰 행운을 가져다 줄 거라고는 상상하지 못했지.

아침 일찍 공항에서 누군가를 기다려 본 건 그때가 처음이었어. 너는 카키색 항공점퍼와 주황색 후드티를 입고, 얼굴엔 크고 흰 마스크를 낀 채 내 쪽으로 다가왔지. 다 가려도 너인 걸 알아볼 수 있다는 것과 지금부터 적어도 10시간 이상을 함께 할 수 있다는 게 설레고 행복했어.

광치기 해변에 갔다가, 할망들이 파는 귤을 사서 '그 계절'에 피는 '그 꽃'으로 향했지. 비가 추적추적 내렸었는데, 적당한 습기와 실내의 온기가 그날의 기억을 더 짙게 만드는 것 같아. 나는 전에 예약한 티켓을 취소하고 네 옆자리 좌석으로 다시 예매를 했지.

꼬리 칸이었어. 바람이 많이 불었잖아. 얼마나 심하게 흔들리던지. 몇몇 승객들은 비명을 다 지르고. 눈을 질끈 감고 기도를 했어. 살며시 눈을 떠 옆을 보니 너도 눈을 감고 있었지. 기도를 하는 중이었을까. 손가락을 세워 조심스레 등을 토닥여 줬던 거 같은데, 사실은 손을 잡아주고 싶었거든. 그렇지만 흔들리는 비행기보다 내 행동에 네가 더 놀랄 것 같아서 멈추었어.

가끔 그날을 떠올려. 괜찮을 거라고, 괜찮아 질 거라고 다독이던 그 순간들을. 그때의 나는 지금보다 용기가 부족한 사람이었나 봐. 다음에도 그런 기회가 내게 올까. 그땐 손을 잡아줄 수 있을 거 같은데. 너를 깜짝 놀라게 해주고 싶은데.

말해 주지 않아도

말해 주지 않아도 느껴지는 기운 같은 거.
뿜어져 나오는 거 말고, 풍기는 거.
그냥 그 사람만 가지고 있을 거 같은 그런 거.
웃음소리나 걸음걸이, 헤어질 때 건네는 인사말이나 눈빛 같은 거.
지난 시간들을 들추어 보지 않아도 그랬으리라하고
짐작할 수 있는 여지를 주는 거.
마음에서 꺼내는 단어의 모양 같은 거.
심장의 결 같은 거.
사람이 사람에게만 줄 수 있는 거.

그건
사랑일까

하루 종일 어떤 대상을 내내 생각할 수 있다는 거,
그건 사랑일까.
떨림을 조금 비틀면 끌림이 될 수 있을까.
반복을 반복하다 보면 익숙함에 도달하게 될까.
누군가는 내게 묻고 그 물음에 대해 내가 다시 묻는다면,
그건 대답이 될 수 있을까.

꿈

꿈이 자꾸 흐려지는 것 같으면 그냥 보고 서있지만 말고 달려가요.

가까이 다가가야죠. 두 눈으로 직접 확인하고 만져봐야죠.

과연 이게 가능할까? 싶은 생각이 들면 잠깐 뒤를 돌아 봐요.

지금껏 해낸 것들이 있잖아요.

정말 좋아하는 걸 해야죠. 참고 견뎌야죠. 찾아야죠.

누가 가져다주는 거 아니잖아요. 누구보다 더 잘 알고 있잖아요.

간절해요? 조금 더 간절하게 바라야 한다니까?

진짜 원해요? 정말? 그럼 해야지. 왜 주저하고 있어요.

해요, 하라니까.

좋은 생각들을 많이 하려 한다.
좋은 기운은 분명 좋은 길을 알고 있을 테니까.

비록 원하는 것을 얻지 못했다 하여도
가끔은 우연에 기대어 삶의 불완전함을 느껴보시길.
그 틈에서 기적이라는 이름이 생긴 것이니.

시인

나무와 꽃, 식물을 사랑하는 사람. 먼저 말을 거는 사람. 보이지 않는 것을 기어코 보고야 마는 사람. 관심을 가지고 가진 것을 기울이기까지 하는 사람. 식물의 키가 자라서 옆으로 쓰러지면 그곳에 기둥을 세워 버티도록 도와주는 사람. 손가락으로 땅을 두드려 목마름을 확인하는 사람. 눈빛을 주는 사람. 주고받는 사람. 사랑을 가진 사람. 가진 것을 주는 사람.

슬픈 것들은
언제나 혼자였고

마음을 접기엔 지나온 시간이 두꺼워
종이에 글자를 적어 접고 또 접고.
접힌 자국엔 못다 한 말들만이 모여 있고
이상하게도 그곳에 고인 글자들은 썩을 줄 모르고.
마지막 줄엔 다시 만나자는 말을 짧게 줄여 '안녕'이라고 적고.
이 안녕은 다시 만날 수 있을지 모를 너에게 전하고픈 안녕이고.
그 사실을 나만 알고. 홀로 아는 사실은 언제나 슬프고.
슬픈 것들은 언제나 혼자였고.

처음
만난 사이

저기요, 있잖아요 우리 오늘 밤엔 손으로 대화를 나눌까요.
나는 독일어를 모르고 당신은 한글을 모르니
사이좋게 나누어가진 손가락으로 허공의 맥을 짚어볼까요.
더듬거리다 무언가가 닿을 때쯤에서야 서로의 이름을 물을까요.

당신은 이제 여기에 없고 나는 앞으로도 없을 사람이라서
마음과 마음 사이의 뒷면이나 뒤적이고 있습니다.
어디쯤인지 모르겠을 땐 어디쯤인지를 알아차리려 하지 말고
가끔은 그냥 모르기도 해보자고.

모르고 모르다 결국엔 아주 잊어버리자고.

천사가 빛을 비추면
꼭 따라가

나는 죽음이 무섭다.
조금 더 정확히 이야기하면 죽음 뒤에 따라오는 이별이 싫다.
군대에서 처음 만났던 친구의 아버지가 돌아가셨다.
이런 상황이 내게 벌어질 때마다 그들에게 어떤 위로의 말을
건네야 하는지 잘 모르면서도 최대한 그들의 심정을 이해하려
노력하고 애쓴다.

장례를 마친 친구에게 전화가 왔다.
친구의 아버지는 오래 전부터 많이 아프셨다고 했다.

지난여름 온 가족이 여행을 다녀온 후로
건강은 더욱 악화되었고 끝내 생을 다하셨다.
내 친구는 그런 아버지에게 마지막으로 편지를 남겼다.

"함께 여행을 다녀와서 참 다행이야 아부지.
너무 고생했어. 그동안 많이 아팠지.
천사가 빛을 비추면 꼭 따라가. 누나 말처럼 뒤돌아보지 말고.
우리가 사랑해 많이"

있는 힘껏 슬퍼하라고 했다.
충분히 슬퍼하고 그 다음에 기운을 내라고.
울고 싶으면 참지 말고 그러다 지치면 한숨 푹 자라고.

힘을 낼 수 없는 상황에서 힘을 내라는 말은 위로가 아니라
억지나 강요가 될 것만 같아서.

응원하는 방법에는
여러 가지가 있지

응원하는 방법은 여러 가지가 있지.

나와 눈을 맞추며 악수를 청해오는 손이 좋아.
두 바닥이 맞닿으며 가락들이 서로를 움켜쥘 때,
눈을 아주 천천히 감는 것처럼
지그시 내 손을 감싸는 그 느낌.

종종 회사 복도에서 마주치는 사람이 있어. 잠깐이지만
그 짧은 순간에 엄지손가락을 번쩍 들며 입꼬리가 귓볼에 닿을
듯한 미소를 지어 보이는.

그 모습이 하루 중, 가장 인상 깊은 장면으로 자리하기도 해.

나는 그들에게 어떤 응원이 되어줄 수 있을까?

다 왔어!

어떤 장면은

순간적으로 영원을 보여주기도 하지.

내가 사랑하는 일

산책을 시켜주는 글이 있다.

자신이 오래 살았던 동네처럼 편안한, 골목골목을 훤히 꿰뚫고
있는 사람처럼 차분하고 고요한. 정지된 상태에서 눈동자만 글
자를 따라 다니는 일. 몇 초에 한 번씩 호흡으로 들썩이는 몸과
어깨. 마음에 드는 문장을 만나면 좋아하는 사람을 만나는 것처
럼 두근거리는 일. 마음에 들어온 것이 다시 나가지 못하도록
품어내는 일. 그렇게 산책을 마치고 집으로 돌아갈 때 얻은 약
간의 피로감으로 마음과 함께 몸을 누이는 일. 나만의 산책로에
누군가를 데려가는 일. 결국엔 마음속에 여러 개의 길을 내는 일.
그 길가에 핀 식물에게 이름을 지어주는 일. 짓고 불러주는 일.
키워 꽃을 피우는 일. 열매를 맺는 일. 시간이 흘러 땅에 떨어진
잎들을 모아 새로운 문장을 불러오는 일. 해야 하는 일.

하고 싶었던 일. 내가 사랑하는 일.

뜨뜻미지근

돌이켜보면, 나는 준 게 없는 것 같은데 자꾸 받기만 하는 거 같아서 미안한 마음. 그래도 곁에 함께 할 수 있는 사람들이 있다는 게 또 감사해서. 인연은 우연보다 질기니까. 좋은 사람은 좋은 사람을 알아보는 법이니까. 오래 봤으면 좋겠다. 너무 뜨겁지도 차갑지도 않은 온도로. 그 어느 나라말로도 설명할 수 없는 '뜨뜻미지근'한 온기로. 곁에서. 꾸준히, 오래.

무언가를
소중히 여기는 마음

마음을 소중하게 여길 줄 아는 마음.

가능하다면 꽁꽁 얼려두고픈 마음.

아주 다음에 조금씩 꺼내어 쓰고픈 마음.

'마음, 마음'하고 발음하면 내 입술에 마음이 살고 있는 것 같은.

'마음, 마음'하고 타이핑하면 내 손 끝에 살고 있는 것 같은.

마음.

마음을 아낄 줄 아는 사람에게

건네는 마음은 어쩐지 하나도 아깝지가 않다.

마음을 움직이려면 마음을 쓰자.

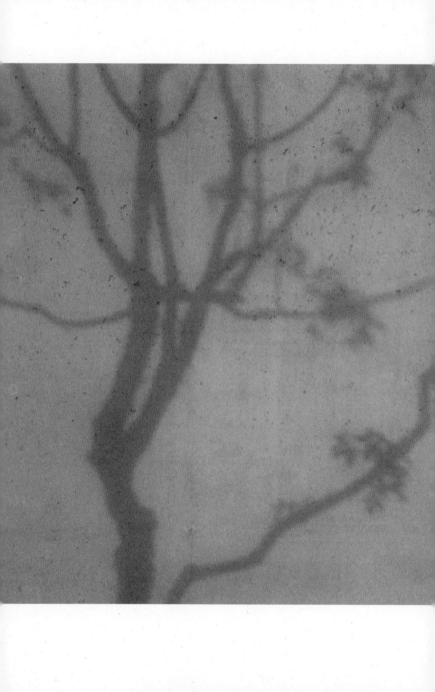

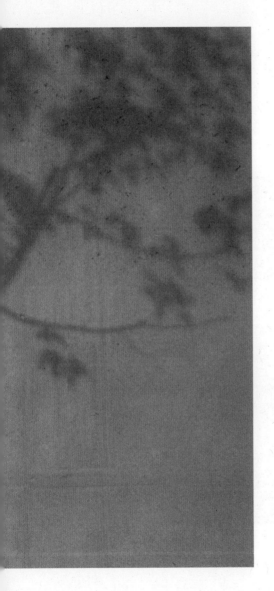

소리는 난 적이 없어도

누군가는 그 소리를 듣고

내가
하는 일

오랫동안 사람의 손이 닿지 않았던 기타를 조율하는 일.
순간이 가득찬 필름을 꺼내어 다시 감아 넣는 일.
긴 침묵으로 잠긴 목소리를 새롭게 가다듬는 일.
방 모퉁이에 차곡차곡 쌓였던 먼지를 후-하고 불어내는 일.
먼지를 일으켜 조금 전과는 다른 기류를 만드는 일.
잔에 묻은 물기를 닦아내는 일과
거울에 비친 내 모습을 쓰다듬는 일.
친구에게 선물한 식물의 이름을 짓고 매일 불러주는 일.
좋아하는 노래를 들으며 가사를 따라 흥얼거리는 일.
하나도 모르겠다가 하나만 알아차리는 일까지도.

문장 한 줄 정도 품고 사는 사람

살면서 마주치는 사람들에게 나누어 줄 어여쁜 문장 한 줄 정도는
마음에 품고 사는 사람이기를. 고이 아끼고 묻어두었던 문장 사이
에서 기적과 같은 단어들이 솟아나기를. 인생은 한 권의 책이라는
말에 담긴 의미를 깨닫고 여백과 여백의 나머지를 채우면서 가끔
은 유연하게 살아가기를.

우리는
좋은 쪽을 향하여

그래도 단 한 번쯤은 정말 좋아하는 걸 하면서 살아봐야 하지 않겠어?
좋아하는 걸 좋아한다고 솔직하게 말하지 못하는 사람이었다면
이제는 더 이상 아니라고.

지금이 아니면 안 될 것 같은 기분에 사로잡혔다면
그건 정말 좋은 쪽을 향해 가고 있는 거라고.

좋아하는 걸 하면서 살아. 좋아하는 힘으로. 좋아하는 게
뭔지 모르겠을 땐 좋아함을 막 시작하는 거야.
그게 무엇이든 상관없어. 사는 게 조금 어렵고 가슴이 답답할 땐
아무 책이나 골라 가방에 넣고 집을 나서서 그 책에 어떤 문장이
담겨있을지를 상상해. 네가 듣고픈 말이 꼭 그 안에 가득 새겨져
있길 바라면서. 그러면, 아주 조금은 괜찮아지니까.
그 과정을 지나면서 우리는 분명 괜찮아질 거야.
좋아하는 걸 하면서 살자. 좋아하는 힘으로. 누군가를,
무언가를 좋아하는 마음은 정말 크고 힘이 세거든.
좋아해, 좋아해. 좋아해 아주 많이.

놀이터로 나와

스무 살 여름이었나. 장마 때였어.
친구랑 메신저로 대화를 나누는데
밖에서 비가 막 쏟아지는 소리가 들리는 거야.
그 소리를 듣고는 친구에게 한 마디 던졌어.

"놀이터로 나와."
"콜."

넌 언제나 그렇듯 거절을 모르는 아이였고,
난 그런 네가 항상 든든했어.
우리는 우산도 없이 고인 물웅덩이 위로 첨벙첨벙 뛰어다녔지.
놀이터 한가운데에 눕기도 하고, 지독하다는 여름 모기에게 물리면서도 우리는 우리의 미래를 이야기했었지. 그 시절이 벌써 8년 전이라는 게 이렇게 이야길 하면서도 믿기지가 않는다.

그때 우리가 그렸던 미래는 지금과 조금 닮아있을까.
옷이 흠뻑 젖고 체온이 떨어져 이가 다다다닥 부딪히면서도 뭐가 그리도 좋았었는지. 한참을 웃었던 것 같은데.

삶이 조금
조금 많이 고단하더라도 쓰러지지는 말자.
우리 둘 중 누구 하나가 넘어져 있거든 모른 척 말고 다가가
손 잡아 주자. 우리는 친구잖아.

술을 마시지도 않았는데 취한 것 같은 기분이 들어.
그땐 우리 술을 마실 줄도 몰랐었는데.
집에 가는 길에 한 잔 해야 할까. 우산도 없는데.

"놀이터로 나와."

천국에서

우리가 천국에서 다시 만나는 날, 배운 적 없는 언어와 소리로 이야기 나눌 수 있기를. 보이지도 않고 어디에 있는 지조차 알 수 없었던 서로의 마음을 꺼내어 보여줄 수 있기를. 마음의 모양과 재료는 사랑이기를. 사랑이 가득하고 사랑만 가득해서 사랑이 아닌 그 어떤 것들은 존재 할 수 없는 세계이기를.

'안녕'이라는 말을 '사랑해'라는 말로 잘못 듣고, 잘못 들은 말들은 영원히 수정되어지지 않기를. 사랑을 사랑하는 사람들이 넘치도록 오래 사랑하기를.

당신은
무엇을 사랑하면서
살고 있습니까?

살면서, 그나저나 사랑하면서 살고 있습니까?
같은 질문을 받고 싶었다. 큰 창이 나있는 아늑하고 조용한 공간에
앉아 지나가는 사람들과 잠시 눈빛을 맞추거나 흐르는 음악에
맞춰 발을 구르다 카페 주인에게 다가가 조금 전 노래의 제목은
무엇이냐고 물어본다거나, 초행길 위에 있는 내게 누군가 길을
물어온다면 기꺼이 지도를 찾아 알려주는 일을 사랑한다고.

퇴근길 사람으로 가득 찬 지하철 안에서 온몸이 종이처럼 구겨지
면서도 이리저리 발을 움직여 내 자리를 찾는 일이나 그러던
와중에 같은 사람과 또 여러 번 눈을 맞추는 일들을 찾아다닌다고.
그러다 우리가 우연히 같은 역에 내린다면 가벼운 눈짓과 함께
다음에 기회가 되면 또 마주치자는 말을 건네는 조금은 우스운
상상을 한다고.

내 대답은 이쯤에서 관두고, 그나저나 당신은 무엇을 사랑하면서
살고 있습니까? 라고 묻고, 그 대답을 들으면서 고개를 끄덕이면서
그렇게 사랑하고 싶다. 그렇게 살아가고 싶다.

(   )

아름다운 것은 언제 보아도 아름다워요.

꽃이 시들어 꽃잎이 바닥에 떨어지는 것은 중력에게 진 것이
아니라 좋아하는 마음이 부풀고 무거워져서 그럴지도 모른다는
어느 손님의 말.

그날 이후, 매일 아침 꽃 근처를 서성이며
오늘은 얼마큼의 마음을 표현했는지 찾아다녀요.
오늘은 좋아하는 마음을 맘껏 표현하는 날.

'나는' 하루

향기의 또 다른 이름은 '기억'이에요.
우리는 '향기가 난다'처럼 무의식적으로 '기억이 난다'라고도 이야기
하죠. 어느 한 때 곁을 내어준 사람에게서 피어났던.
옆을 스치기만 했을 뿐인데 불현듯 어느 한 시절이 떠오르고 마는.
어떤 사람들은 목소리와 분위기로 사람을 기억한다고 합니다.
오늘은 꽃과 커피에게 잠시 곁을 내어주고 무엇인가가
'나는' 하루를 보내겠습니다.

고치고 지우고 덧붙이는 일은 날카로운 면을 가지고 있어야 가능하다는 걸 배운다. 날카로운 면은 어딘가에 부딪히고 긁혀 깨진 부분일 텐데, 그런면에서 달 같은 사람이 되고 싶다는 생각을 했다. 시간이 지나면 차올라 둥그런 사람이었다가 뾰족하기도 한 사람.

마음의 문장

내가 다가가지 않아도 먼저 다가와 마음에 닿는 문장들이 있다.
그럴 땐 그 문장을 아주 꼼꼼하게 살핀다.
분명 어딘가에 발이 달려있을 거야, 하는 마음으로.

흐리게
아주 흐리게

제가 근무했던 카페에서는 손님들께서 '아메리카노'를 주문하면
"진하게, 보통 어느 것으로 드릴까요?" 하고 묻습니다. 대부분의 사
람들은 둘 중 하나를 정해 대답을 해주시는데요, 어느 흐린 날이었
습니다. 한 어머님께서 "흐리게, 아주 흐리게 해주세요. 흐리게도
가능하죠?" 하고 주문을 하셨습니다.

순간 커피가 흐린 것은 어떤 상태일까 생각하다가
"최대한 흐리게 노력해보겠습니다."하고 주문을 받았습니다.

진한 것과 보통이 아닌 자신만의 '흐리게'를 가진 사람.
그런 사람이 더 많아졌으면 좋겠습니다.
새로운 주문은 바리스타를 긴장하게 만드니까요.
그 떨림과 설렘에는 커피를 맛있게 하는 힘이 있다고 믿으니까요.

식물의 다리

식물의 다리는 뿌리입니다.
다리가 튼튼해야 더 많은 잎이 자랄 수 있습니다.
다리가 많아도 걷지 못하는 운명이지만 아무도 모르게 땅속에서
서로 손을 잡고 물과 빛과 바람을 기다립니다. 자연의 무궁한 비밀을
품고 있으며 아주 가끔 사람의 비밀도 맡아줍니다.

오늘 한 손님은 계단을 오르다 주섬주섬 카메라를 꺼내 들어 사진을
찍었습니다. 어떤 마음이었을까요. 소리가 들리지는 않았지만
'예쁘다'하는 소리가 들린 것도 같습니다.
봄의 기운이 짙게 다가왔습니다. 오늘은 꽃을 심으며 맡겨두었던
비밀을 찾아와야겠습니다.

참, 꽃의 이름을 맨 처음 지어준 사람은 꽃이 꽃인 줄 알았을까요.

술

쓰고 차가운 것들이 안으로 안으로 스며들면 뜨거워지는 신비, 술.

힘들면, 가끔 술의 힘을 빌리기라도 하는 거지. 빌렸으면 갚아야
하는데 술은 갚으라고 독촉하지 않으니까 좋은 거지. 언제나 어
디서나 내가 찾으면 날 기다리고 있었다는 듯이 내 앞에 나타나
니까 그게 참 든든한 거지. 그러다가 술처럼 든든한 사람이 되고
싶다는 생각에 가닿는 거지. 될 수 있을까. 될 수 있을까, 하다 보
면 어느새 그렇게 되어 있겠지. 그렇게 믿어야지.

기우는 마음

좋아하는 시인이 산문집을 출간했어요. 우연한 기회로 축하의 자리에 함께하게 되었고, 우리는 같은 공간에서 시인의 이야기를 집중해서 들었지요.

시간이 지날수록 앞쪽으로 자세가 구부정해졌어요.
그게 왜 그렇게 되는 건가 생각하다가 알아냈어요.
마음은 이미 말하는 사람 옆에 가서 앉아 있는데 몸은 갈 수가 없어서. 자꾸만 그렇게 앞쪽으로 굽어지는 게 아닐까 하고요.

또, 신기한 게 하나 있어요. 이야기 중에 '자세'나 '태도'라는 말이 나오면 취하고 있던 자세를 고쳐 앉거나 허리를 펴고, 목을 돌리는 거. 맨 뒷자리에서 그걸 지켜보면 사람들이 얼마나 귀여운 지 몰라요.

당신은 무엇으로 살고 있습니까.

사막의 모래처럼
바람이 불면 잠시 이리저리
날릴 뿐 사라지지 않는다는 거

아무리 긴장을 하지 않으려 해도 그게 마음처럼 조절이 안 되는 건
그만큼 간절하고 절실하다는 말이야. 이럴 땐 내 마음이 진짜 내
것이 맞는지 의심하게 된다니까.

떨림에도 총량이 있다고 믿고 싶었어.
하지만 그런 건 없었지.
떨지 않기 위해 미리 많이 떨어 놓아도 떨림이라는 건
줄어들지 않는 사막의 모래 같아서 바람이 불면 잠시 이리저리
날릴 뿐 어디론가 사라지지도 않는다는 거.

어떤 결과가 주어지든 겸허하게 받아들이고 싶은데
그걸 잘 해낼 수 있을지는 모르겠어.
평소엔 꿈도 잘 꾸지 않는데, 어젯밤에는 이미 합격한 사람처럼
꿈을 다 꾸었다니까 글쎄. 기억이 너무 선명했어.
꿈속에서는 이게 꿈인 줄 알면서도 깨어나기가 싫더라니까.

숨을 쉬는 방법

숨을 쉬는 방법과 오래 숨을 참는 방법.

숨을 조절하는 방법과 천천히 숨을 다스리는 방법.

이완 호흡과 최종 호흡. 회복 호흡과 I'M OK 사인까지.

산호가 눈앞에 보이는 4-5M의 수심과 조금만 더 나아가면

절벽처럼 깎아지는 월, 그곳에 들이치는 빛과 그 속에 들어있는 나.

아무것도 보이지 않는 수심위에서 나는 여러 번 겸손해졌다.

사람은 죽으면 흙이나 모래가 되는데 물고기는 죽으면 파도가

된다고 말했던 어떤 어린아이의 말처럼 바다가 되고,

파도가 되었던 시간들.

동네
한 바퀴

동네,

라는 말은 가슴께 어딘가를 훈훈하게 만든다.

단어가 품고 있는 기척 때문일까.

어둠이 내리고 어김없는 고요가 찾아와도 무섭지 않았다.

길을 밝히는 달빛이 있고,

돌담 너머로 새어나오는 삶의 온기가 지천에 스며있었으니까.

빨래는 춤을 추고 고양이는 살금살금.

나는 그 사이에서 방해가 되지 않으려 아주 천천히 숨을 쉬었다.

언젠가는

길을 걷다가 복권 판매점을 마주치면 주저 없이 들어가 그리 간
절하지는 않게 1부터 45까지의 숫자와 눈을 맞추고 마음에 드는
곳에 검은색 물을 들이고 가끔은 자동에 내 운명을 맡기기도 해.

복권 당첨은 누가 되느냐, 사는 놈이 된다.
나도 사는 놈이니까 언젠가 되겠지 하는 마음으로 산다.

사실 당첨되지 않아도 괜찮아. 내 인생이 이미 로또니까.

거두절미하고 당첨된다면 성북동에 집 한 채 예쁘게 지어놓고
멋지게 살고 싶다.
한옥이면 좋겠다. 이왕이면 크고 마당이 있는 넓은 집.

복권에 당첨되면 제일 먼저 무얼 하고 싶어?

평생 딱 한 번만이라도 좋으니
꼭 해보고 싶은 게 있어요?

면접관이 물었다.
"평생 딱 한 번만이라도 좋으니 꼭 해보고 싶은 게 있어요?"
내가 하고 싶은 것들을 생각해보니 사소하고 소소한 것들이었다.

면접을 봤던 63빌딩의 45층에서 한강을 내려다보는 거,
천문대에 가서 달과 별을 조금 더 가까이에서 관찰하는 거,
좋아하는 사람들과 잔디밭에 앉아 도란도란 얘기 나누는 거.

버킷리스트라는 게 꼭 거창하고 거대한 것이 아니어도 된다는 걸
조금 늦게 알았다. 소원 이라는 말을 한문으로 풀이하면 바라고
원하는 것, 인데 바랄 소所자가 아니라 작을 소小자일지도 모르
겠다는 생각을 했다. 크지 않고 자그맣게 원하는 것.
그것이 바로 소원.

나를 알아가는 것

나만의 색을 갖는다는 건 내가 무엇을 좋아하고 싫어하는 지를 정확하게 알아가는 것과 비슷해요. 우리는 생각보다 스스로에 대해 잘 모르는 것 같아요. 언제 정말 행복한 지. 어떤 사람을 좋아하는 지. 더 이상 남의 판단에 휘둘리지 않는 사람이 되기로 해요. 조금 더 단단해지자고요.

두열 고생했어. 한정된 시간에 짧은 질문들로 자신을 증명하는 건
너무 숨 막히는 일인 것 같아. 그곳은 세심한 안목이 없었네.
두열은 사람을 조용히 끌어당기는 사람인데.
그건 타고나야 하고,
타고나도 발현되기 어렵고,
마음을 잘 써야 되는 일이고,
그래서 아무나 못하는 건데.
그걸 보여주기에 면접 시간은 턱없이 부족하다 그치.
굳이 그곳의 파도를 타지 않아도 두열은 두열만의 색으로
더 멀리 더 깊게 갈 수 있을 거야. 우리 함께 가자.
마음 잘 돌보고.
가을이 돌아오면 한강에서 신나게 먹고 마시고 떠들자!

From.연지

한결
같다는 말

가만히 생각해보니 결이 하나라는 말이었다.
변하지 않겠다는 다짐보다 결을 하나로 이어가겠다는 의미와
더욱 가까운 말.

변화하는 일도 쉽지 않지만
사실 그보다 더 어려운 건 하나의 상태를 오래 유지하는 것일지도.

결이 비슷한 사람들이 모인 곳에서 서로의 닮음을 발견하는 시간.
그러고 보니, 시간은 참 한결 같구나.

뒷모습

문득 고개를 돌렸을 때 스쳐 보내면 다시는 만나지 못 할 것 같은 장면들이 있다. 그때마다 잠시 숨을 멈추고 순간을 기록할 수 있는 사진을 찍고선 혼자서 좋아하는 사람.

LOVE

이어폰 하나를 나누어 끼는 것
사과 한 알을 반쪽으로 나누어 먹는 것
눈빛과 눈빛이 마주치는 것
같은 곳을 보며 나란히 걷는 것
하나의 주머니에 두 개의 손을 포개는 것
손과 손을 마주잡는 것
사람과 사람이 만나는 것
사랑

인생은 결국,
나머지 반쪽을 찾아 헤매는 여행 일지도 몰라.

세상의 끝에서

그물에 물고기가 걸렸고 그걸 운명이라 치자고.
그럼 시간에게 걸려 곧 스치듯 사라질 순간들의 운명을 장면이라
고 부르자고. 결국 운명이나 장면은 같은 의미를 가졌다는 결론에
이르러 보자고.

네가 내 이름을 부르고 내가 네 이름을 부르는 다정하고 꿈같은
날들이 조금 더 이어졌으면 좋겠다는 마음을 품어보자고.

이 세상엔 아름다운 게 너무나 많아서
멋진 풍경과 당신처럼 어여쁜 사람 앞에만 서면 나도 모르게 자꾸만
'아~'
하게 되는 거라고.

두열에게.

나의 친구 다정한 윤두열.

내가 주는 생일 선물은 '두열'입니다.

가끔 인스타그램에 끼적인 글이 사라져 버리는 상상을 해요.

실제로 나는 자주 쓰고 지우기를 반복하기도 하고요.

두열,

누군가를 이해할 수 있는 가장 어렵고도 쉬운 방법이 '대화'라면

'필사'는 그 사람을 사랑하는 방법이라 생각해요.

사실 나는 내가 쓰는 하루만으로도 벅차서

타인의 글을 꼼꼼하게 읽지 않아요.

특히 SNS에 업로드 되는 사진과 글은 곧잘 흘려보내는 거 같아요.

나는 이해 받기를 원하면서 타인을 외면하다니 참 이기적이죠.

그런 나와 달리 내 하루와 감정을 천천히

그리고 꼼꼼하게 살펴주는 두열.

난 그런 두열이 참 예쁘고 어려워요.

하지만 분명한 건 두열을 참! 참! 참! 사랑한다는 것.

두열이 유럽에서 쓴 글을 죄다 옮겨 적고 싶은데

너무 얇은 노트를 산 걸까요.

우리는 어디로 가게 될까요?
광활한 캐나다? 아니면 파리의 셰익스피어 앤 컴퍼니?
사실 어디든 좋아요.
밤하늘에 별을 새기는 마음으로 한 글자씩 옮겨 적었어요.

가끔은 뾰족함 앞에서 주저앉기도 하고
익숙한 별 앞에서 마구 다정해지기도 하면서.
우리 자주 만나지 못해도 오래 오래 아껴 보는 사이가 되어요.
서로의 외로움을 함부로 추측하지 말고 곁을 지키기로 해요.
사랑하는 두열 생일 축하하고 태어나 내 곁에 있어주어 고마워요.

나는 두열과 민수가 좁은 자취방에서 별을 찾아줄 때부터
두 사람에게 평생 엉겨 붙기로 마음먹었어요. 꼼짝 마랏.

From. 소진

이상형

이상형이 어떻게 되세요? 라는 질문을 받으면 머릿속이 새하얗게 변한다. 대부분 이상형이라고 하면 외적인 모습을 묘사했던 것 같은데 나는 마음의 모양부터 궁금해 하는 사람이니까.

상대가 사용하는 단어와 말투, 작은 행동들에서 마음의 모양이 조금씩 보이기도 하니까.

내가 지금껏 좋아했던 사람들은 전부 다른 모양의 마음을 가지고 있었지만 어느 한 구석은 닮아있었다. 가령, 어른들에게 인사를 잘 하는 사람이거나 고맙다는 말 한마디, 미안하다는 말 한마디를 아끼지 않고 꺼낼 줄 아는 사람. 길을 걷다 도움이 필요한 사람에게 다가가 기꺼이 도움이 되어주는 사람과 그 일을 행한 뒤에 오는 기쁨을 나눌 줄 아는 사람.

내가 잘하고 싶어 하는 걸 이미 잘하고 있는 사람과
내가 좋아하는 걸 같이 좋아하는 사람에게는 마음을 빼앗겼다.

결국 나의 이상형은 마음의 모양이 예쁜 사람이라고 말해야 할까.

이상형, 참 어렵다.

봐,
세상엔 수많은 불빛이 있지만 가장 빛이 나는 건
우리가 가진 눈빛이라는 걸 잊지 말아야 해.

진심

태양은 하난데 전 세계를 비추잖아.
내가 적어내는 문장들이 그랬으면 좋겠어.
어떤 힘을 가졌으면 좋겠어. 그게 무지막지했으면 좋겠어.
내가 지은 문장을 보고 읽는 사람이라면 그 안에 담긴 힘을 느끼고
그 문장에 담긴 진심을 알아차릴 수 있었으면 좋겠어.

세상에 마음을 잴 수 있는 저울은 없잖아.
그러니까 우리 수치로 비교하지 말자고. 진심을 보자고.
진심이 너무 따분하고 지루한 시대가 됐지만
그래도 진심은 통하니까.
진심만이 진심이니까.

비와 당신

비가 내리면 색감도 향기도 짙어져요.
나를 향한 네 마음도 그랬으면 좋겠는데.

시간의 간격

글자들이 수두룩하게 모인 초고가 교정 교열을 거치면
마감이라는 날이 다가오지.
오타도 잡아내고 시제의 일치도 바르게 고쳐내면서
글자의 간격을 조정하고 눈으로 읽을 때와 소리 내어 읽을 때
물 흐르듯 자연스레 읽히고 이해하기 쉽게 만드는 과정.

그게 치아도 마찬가지거든. 치아 사이를 넓혔다가 다시 좁혀주고
치아 크기에 따라 받는 힘도 다르게 하면서 가지런히 만들어 주는 거.
이 과정이 글자의 교정 교열과 다르지 않다고 생각해.
내게도 곧 마감의 날이 다가오고 있어. 그땐 이렇게 활짝 웃을 거야.
아주 활짝!

나머지의 나머지

헤어질 때 나누는 인사는 조금 슬퍼서 자꾸만 다음을 기약하지요.
연이 닿으면 다음에 다시 만나자고요, 우연히.
꽃과 계절이 건네는 작별 인사에도 온도가 담겨 있지요.
떨어진 능소화와 떨어질 능소화 사이에서 나머지의 나머지를
생각하는·밤입니다.

내 마음

부모님을 꼭 한 번 데려가고 싶은 곳이 있었다.
바로 제주의 용눈이 오름.
해가 지는 시간에 맞춰 오름 정상에 오르면 정말 황홀하거든.
해가 지기도 전에 반대편 하늘엔 하얀 달이 떴고
저 멀리 보이는 부모님의 모습은 눈부시도록 빛났어.

어쩌면, 내 눈에 눈물이 고여
햇빛에 반사된 눈물 빛이
그 날의 우리를 조금 더 빛나게 했는지도 모르겠다.

다가가서 사랑한다고 말해야지.

엄마 사랑해,
아빠 사랑해.

사랑해.

여백이 많은 사람

좋아하는 사람이 건넨 한 마디의 문장을 가지고 기나긴 하루를 살아갈 수 있다는 건 때로 큰 위로가 되기도 합니다. 정서가 담긴 편지를 주고받을 수 있는 관계라야 조금은 깊은 사이라고 말할 수 있지 않을까요. 당신과 서서히 깊어지고 싶습니다.

산을 오르면서 수백 가지의 생각이 곁을 스치는 동안 깊어진다는 것은 무엇인지에 대해 생각했어요. 마침내 가닿은 곳은 하나의 정상, 꼭대기였지만 다시 아래로 아래로 향하면서 누군가에게 건넬 여백이 많은 문장을 생각하려니 이전보다 조금 더 깊어진 것 같습니다.

사람에게 마음을 쓰는 일이 자꾸만 즐거워졌으면 좋겠습니다.

눈 속의 바다

눈물이 흐르기 직전,
찰랑찰랑 고여있는 상태로 세상을 바라보면
그토록 각이 지고 딱딱했던 세계가 잠시 흔들리고 출렁이기도 해.
가끔 힘이 들 땐 눈을 반쯤만 떠보자.
우리 초점을 잃고 조금만 일렁이자.

서울에서

날씨가 좋으면 어디론가 떠나고픈 마음이 번진다.
괜히 심장이 두근거리고 녹음 가득한 잔디 밭 위에 눕고 싶고
한강을 따라 끝없이 이어진 길 위에서 자전거 페달을 밟아보고
싶다. 그러다 우연히 마주친 풍경 앞에서 넋을 잃고 한참을 바라보
다가, 약속 시간에 늦어도 보고 싶다.

저녁을 먹고 막차가 끊길 때까지 근처 카페에서 책을 읽는 것.
한강 위에 있는 수많은 다리들 중 하나를 정하고 그 위를 걷는 것.
늦은 밤 집에 도착해 부어오른 발을 주무르며 일기를 쓰고,
다음날에도 그 다음날에도 내가 꿈꾼 시간들로 삶을 채우고 싶다.

시를
쓴다는 건

시를 쓰는 건 자기를 쓰는 거구나
여기서 쓴다는 건 사용한다는 거구나
사용을 당한 다는 건 소멸한다는 거구나
자기의 영혼이나 마음을 태워서 재가 되게 하는구나
그 재灰는 시가 되는 거구나
그 옆에 서면 오래 따뜻해지는구나

사는 일이 버티는 일이 되지 않도록

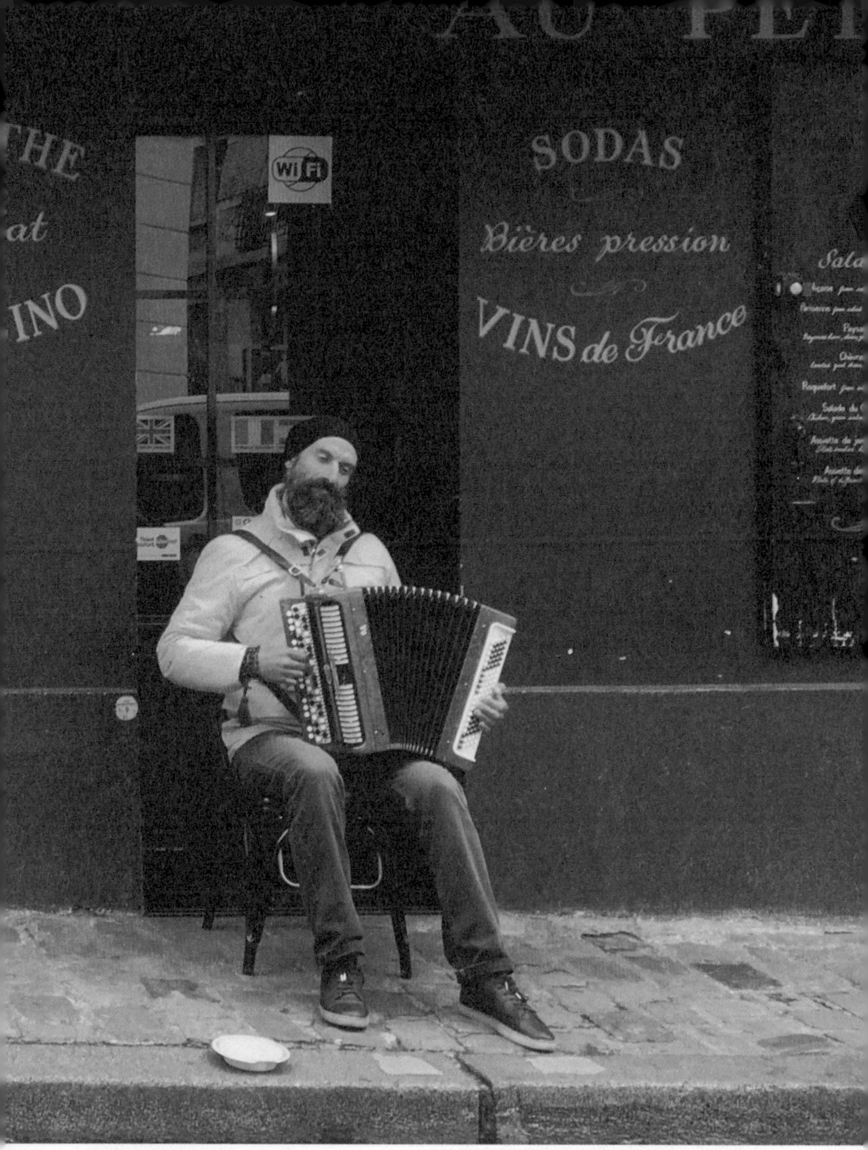
WiFi
SODAS
Bières pression
VINS de France

능 소 화

골목길에 조용하게 피어난 능소화.
찰칵, 소리를 흘리며 사진을 찍고
가던 길을 가는데 내 뒤에서도 들리는 찰칵, 소리.

나와 마주쳐 반대로 걸어가던 커플이
나처럼 사진을 찍고 있는 모습에
나는 자식도 없으면서 아빠 미소를 지었다.
어여쁜 사람들.

뜨거운
아이스 아메리카노

"뜨거운 아이스 아메리카노 한 잔 주세요."라는 주문을 받으면 당황하지 않고 다시 묻습니다. "따듯한 아메리카노 드릴까요?" 하고요. 손님께서 원래 마시려던 것이 '아이스'라면 "아뇨, 아이스로 주세요." 라고 답할 것이고 따듯한 걸 원했던 거라면 "네."라고 하겠지요.

카페 경력 나름 10개월 차에 접어드니 아주 조금은 알 것 같은 것이 '따듯한 아이스 아메리카노'는 보통 따듯한 아메리카노일 확률이 높습니다. '아메리카노'라는 이름 자체 앞에 '아이스'라는 것이 사람 이름의 성처럼(Family name)붙어서 '아이스 아메리카노'는 차가운 아메리카노라기보다 그저 아메리카노를 지칭하는 이름으로 굳어진 것이지요.

상대방이 원하는 게 무엇인지 파악하고 분석하는 일은 어렵지만
즐겁습니다.

"손님 죄송하지만, 저희 카페에 따듯한 아이스 아메리카노는 없
습니다."라고 대답하는 것보다 다시 한 번 더 상대의 의사를 묻는
태도. 일상에서도 우리에게 필요한 덕목이 아닐까요.

오늘은 날이 좋습니다. 맑은 커피를 준비해두겠습니다.
천천히 그리고 예쁘게 오세요.

돌보지
못한 순간들

아주 나중에, 내가 마주쳤던 수많은 장면들이
한곳에 모여 나를 기다리고 있었으면 좋겠다.
당시엔 너무 빠르게 스쳐 지나가
제대로 돌보지 못했던 순간들이 왜 이렇게 늦게 왔느냐고
나를 조금 혼내줘도 좋겠다.

선물 같은 사람

어떤 글을 짓고 싶어?

선물하고 싶은 글이요.
이건 나만 알고 있으면 너무 비겁하다거나,
나만 알고 있으면 너무 아깝다거나,
나만 알고 있으면 억울할 정도로 좋은.

어떤 책을 쓰고 싶어?
선물하고 싶은 책이요.
선물하면 좋겠다 싶은 책이요.

어떤 사람이 되고 싶어?
선물하고 싶은 사람이요.
누군가에게 소개해 주고 싶은 사람.
받는 것도 좋지만, 줄 때 더 좋은.
선물 같은 사람이요.

사이좋게. 아니 사이도 없이. 좋게.

문득, 여름 감기에 걸리면
전생에 나무였을 거라는 당신의 말이 떠올랐다

지독한 감기 몸살 같은 것이 붙어 지나갈 방법을 모르고 오래 참
다 찾아간 종합병원에서 간호사는 이층 복도 끝에 주사注射실이
있다는 말을 남기고 등을 보이며 사라졌다 바지를 내리고 좌우
어느 쪽이 좋으세요 묻는데 그쪽이요, 대답하고 싶었다 엉덩이를
내보이는 일로 얼굴이 붉어졌겠지만 모른 척 눈을 감고 뜨거워진
이마에 손등을 대며 마른기침 두어 번을 뱉어냈다. 공기는 상처
를 입고, 여름 감기에 걸리면 전생에 나무였을 거라는 당신의 말
과 들어갈게요, 하는 지나간 말 사이에서 진한 솔향이 났다.

더 많은 아침들을 모아 멀리 떠나려는 사람처럼.

스며들다

고인 물 위에
똑 하고 한 방울 떨어지는 사람이고 싶다.
확산되는 사람
서서히 퍼져나가 전체로 스며드는 사람
느리지만 천천히
쉽사리 지워지지 않는.

모두 그리움 때문입니다

사랑했던 사람과 헤어진 후 꼬박 일 년이 지날 때마다 집 한 채씩을 지은 사람이 있었습니다. 그 집은 모두 아홉 채가 되었고 잊기 위해서였는지 아니면 그 반대였는지는 묻지 못했습니다.

걷다가 이름이 없는 것은 없는듯하여
괜히 내 이름 한 번 부르고 마저 걷는 아침

글의 힘

글의 힘은 위대하네요. 맞지 않아도, 그러니까
스치기만 해도 시퍼런 멍이 들어요.
상처나 흉터가 없는 아픔은 무엇으로 치료할까요.

순간과 시간

순간을 빼앗는 순간들.
시선을 빼앗는 선들.

그냥 지나칠 수 없는 장면 앞에서 멈칫.
그냥 지나칠 수 없는 사람 앞에서 저릿.
흠칫.

시간을 빼앗는 시간들.

제주 할망

아침
할망이 그랬다
어디서 왔냐고
몇 사람이 함께 왔느냐고
놀러 왔다고 했다가
"놀러?"라고 하시기에
"여행 왔어요."라고 했다
"잘 보다가 가." 하시는 말씀에
고맙습니다 했더니
발길을 돌려 머얼리 가시다가
내 시선이 가닿을 수 있는 곳에
멈췄다
지금
다시 돌아온다
아마 할망도 여행 중인 것 같다

우리는
언제나 우리

마지막까지 꾸준함을 유지하는 일은 어렵다. 세상에 없던 하나의 무엇이 태어나는 일은 잔잔했던 물결 위에 돌을 던져 수면에 상처를 내는 일과 같다. 이전과 다른 상태로 변화시키는 일. 실내에 있다가도 밖에 눈이 내린다고 하면 자리를 박차고 뛰어나가는 사람들의 모습에서 나는 동심을 본다. 잊고는 살아도 잃지는 않았으면 좋겠다. 저마다의 본인스러운 느낌들을 오래 유지하면서. 올해의 마지막 날. 길지만 짧았던, 짧지만 길었던. 정말 다양한 일들 속에 들어있을 수 있어서 감사했다. 시간이 흐르면 날짜가 바뀌고 숫자는 새해라는 옷으로 갈아입게 되겠지만 우리는 언제나 우리일 수 있기를 바라며. 안녕.

당신은
모르는 편지

당신은 소녀 같은 미소를 가졌어요.
온 세상을 밝힐 듯 환한 웃음.

무려 마흔 하고도 일곱 해를 넘겨서야
제주에 두 발을 붙일 수 있게 되었네요.
아이처럼 두 팔을 펼쳐 온 하늘을 가득 안으려는 몸짓에
눈물이 고였습니다.

바람이 조금 불었고,
어쩐지 저는 당신의 모습이 조금 아프기까지 하였습니다.
매 순간을 기록으로 남기고 싶어
카메라를 들고 이리저리 찍던 그 모습.

당신의 소원은 아주 작고 소박했어요.
해녀 분들께서 물질을 마치고 막 건져 올린 해산물을 바로 먹어
보는 것, 우도에 가보는 것, 해 질 녘에 비행기 창가에 앉아보는 것.

당신의 바람들을 이뤄줄 수 있는 든든한 존재가 되어보겠습니다.
우리에게 남은 시간이 얼마나 있는지 알지 못하지만
그동안 더 많은 순간을 나눠요.

오래,
오래 건강하세요.

사람이 빌딩처럼 하늘로만 높아질 게 아니라

눈 앞 보이는 저 바다처럼 넓고 깊어지기도 했으면 좋겠습니다.

어떤 이,
당신

어떤이었던 이가 '당신'으로 변하는 기적과 그날 저녁

시집
술집

그런 장소를 하나 지을까 해요
시집을 파는 술집을요
혼자 와서 더욱 혼자가 되는
함께 와서도 결국 혼자가 되는

슬프고 뻔한 이야기는 아니에요

그런 말도 있었으면 해요.
"오늘의 시집 한 권 주세요"
"지난번 맡긴 문장 주세요" 같은

가끔은 얼굴 없는 시인들이 신처럼 우르르 몰려와
시심을 슬쩍 흘리고 가는 곳

시가 불어날수록 술은 줄어드는 곳
시집술집

지금, 그곳에서

우리는 어디서든 추억을 만들 수 있다.
오늘, 지금. 당신이 앉아 있는 그 자리에서도.

사랑의 모양

누군가와 함께 살고 싶다고 생각해본 적 있을 것이다.

그리하여 집의 구조와 방향, 방의 개수와 용도, 마당에 심을 두 그루 나무의 이름까지 함께 의논한 적 또한 있을 것이다. 푹푹 찌는 여름날에도 손을 잡고 한강을 걷거나 바구니가 있는 자전거를 타고서 집과 가까운 편의점에 들러 캔 맥주를 마시고 터덜터덜 집으로 걸어가 함께 잠에 드는 것까지.

추운 겨울엔 뜨끈한 전기장판을 틀어 놓고 손톱이 노오랗게 물이 들 때까지 귤을 까먹거나 차갑게 식어버린 붕어빵 몇 조각을 나눠 먹으며 좋아하는 소설이나 시집을 읽는 장면도 상상해봤을 것이다. 그리하여 다시 잠에 들고, 같은 자리에서 눈을 뜨는 것까지.

시간이 쌓여 서로에게 지붕과 기둥이 되어주어도 좋겠고, 곁과 옆이 되어 서로를 지탱하며 사는 것까지 생각해 보았을 것이다. 그게 당신이라면 좋겠다고.

수어를
배우는 시간

ㄱ부터 ㅎ까지 ㅏ ㅑ부터 ㅡ ㅣ까지.
이제 걸음마를 시작한 것처럼 어색한 손가락을 접었다 펴면서
자음과 모음의 간격을 헤아렸다. 표정은 목소리가 되고 손의
움직임은 문장이 되는 고요하지만 선명한 세계.

처음 배운 문장은
'나는 수화를 잘 못하지만 네가 도와준다면 배우고 싶어.'라는 말.

마주 앉은 사람과 말을 잃어버린 사람처럼 허공의 언저리를 더듬
거렸다. 오늘도 고생했다는 말과 푹 쉬고 좋은 꿈꾸자는 말을
소리 없이도 전할 수 있음에 감사하는 시간.

우리가 함께 수어를 배우는 시간.

글감

글은 물감이구나. 내가 당신에게 글을 선물하면 당신은 내가 준
글로 당신의 세계를 그려내는구나. 그럼 이 세상엔 똑같은 세계
는 없겠구나. 다르지만 닮았구나. 단순하기도 화려하기도 한 당신
은 당신의 세계와 다른 이의 세계를 합치고 나누고 목격하겠구나.

아, 글은 물감이구나.

짝꿍

짝을 바꾸는 날이면, 교실에 먼저 온 사람이
앉고 싶은 자리에 앉을 수 있었다.

그러면 좋아하는 사람 옆자리에 가방을 툭 던져놓고
괜히 운동장을 서성이다가 수업을 시작하기 직전에 들어와
무심히 앉았었는데.

좋아한다고 고백하는 건 항상 어렵다.

빛을 가득 품은 교실의 풍경이 그리운 순간.

너무 아름다우면 슬퍼지는 게 있어.

이야기가
익으면 무슨 맛이 날까요

저 멀리 작은 반짝임이 내려다 보입니다
배 몇 척의 눈빛일까요
별 몇 무리의 속삭임일까요
지금이 어디쯤인지는 말할 수 없습니다

선물 받은 시집을 기차에 두고 내린 사람은
시를 지어 준 이에게 미안하다고 했고요
저는 우연한 그 일로 시인 한 사람이 더 만들어질 거라고 했지요

가수는 노랫말 뒤에 숨기도 하는데 시인은 어디에 숨느냐고
묻는 사람에게 시 뒤에 숨었다가 시 안에 몰래 살다가
시는 잘 보이는 곳에 숨겨야 한다며
나는 시인도 아니면서 오래 알고 지낸 사이처럼
아는 척을 했습니다

지금 어디쯤인지 말할 수 없었지만 어디로든 가자고
말하고 싶었습니다

섬에서 발견한 것들에 대하여

삐걱거리는 나무 바닥
짝을 잃은 실내화
밤 사이 누군가 흘리고 간 외로움 한 병
마지막 잎새
고인 물 위의 소금쟁이
간판 없는 수퍼
밑창이 뜯긴 검은색 히포 축구화
눈을 마주치자 도망가버린 고양이
대문이 없는 집
창문이 열려있는 자동차
녹슨 체인에게 잡아먹힌 잡초
구멍 뚫린 돌멩이
조각난 배고픔

다행히 이름이 없는 것은 없는 듯 하여
다 부르고 내 이름도 한 번 부르는 아침

이사

씨앗 수십 개를 가져다
묻었다

사람은 죽어야 묻히는데
묻혀야만 태어나는 것들 앞에서
시간의 무게를 재어 보았다

나도 매일 밤
누군가에게 심겨 새로 태어나는
꿈을 꾸었다

다른 슬픔

꿈에서 너에게 나의 모든 것을 털어놓았다.
거짓말이 태어나려고 할 때마다 말문이 막히는 대신 눈물이 났다.
사실이 아닌 일을 마음에 품었을 뿐인데도 목소리를 잃었다.

비밀이라고 얘기할만한 것들을 밖으로 다 꺼내었더니
안은 텅 비었고, 심장 소리만 울렸다.
그 소리가 나를 울렸다.
감추고 있던 비밀이 있어서 슬펐는데 이번엔
비밀이 없어서 슬펐다.
다른 슬픔이었다.

손길이 닿으면 닳아야 하는데 자꾸 닮아가는 기적

꿈 파는 소년

꿈속에선 꿈을 팔러 다녔는데
그 꿈은 무겁고 슬퍼서 아무도 사려고 하지 않았다.

집으로 돌아가는 길에는
나무에서 떨어지는 낙엽을 붙잡았고
좋은 문장과 마음을 쓰는 사람이 되게 해달라고 기도했다.

지금은 소원의 어디쯤을 걷고 있을까.

사실 기온은 떨어지는 것이 아니라 낮아지는 것입니다.

떨어진 것은 주울 수 있어야 하는데 그럴 수 없기 때문에 그렇습니다.

추운 날 따듯한 커피 한 잔이 더 고파지는 이유는

우리들 마음속에 있는 체온이 조금 낮아졌기 때문입니다.

낮아진 것을 끌어올리는 데에는 시간이 필요하지만 그 시간을

단축하기 위해 더운 것을 몸속으로 집어넣기도 합니다.

그런 의미에서 커피는 봄입니다.

꽁꽁 얼어붙었던 길바닥이나 우리의 손등 같은 것들을 녹여주는.

오늘은 봄 여러 잔을 준비해두겠습니다.

We feel the same – fear, shame, uncertainly, and pain.
But you have us. We have you. Making every story possible.

잘 보이는 곳에 비밀스럽게

누가 나더러
투명한 상자 같다고 했어요

그게 무슨 말이냐고 물었더니
자기도 잘 모르겠대요

상자 안에는 뭐가 들었냐니까
제가 들어있대요

속은 훤히 들여다보여도
도통 모르겠는 한 사내가 서 있다고

나를 겪어내야만
나를 알 수 있겠대요

사실
저는요

주워 들은 비밀이 많은데
입은 가벼운 사람이에요

참다 참다 못 참겠어서
비유를 공부했어요

입술은 자물쇠처럼 무겁다
바다가 사랑을 속삭이기 시작했다
같은

살면서 배운 건 체육뿐이어서
시는 잘 못써요

제가 잘 쓰는 건
눈빛과 마음뿐이에요

몽마르트 언덕에서

환하게 웃으면서 살았으면 좋겠다.
노래를 부르는 사람도 듣는 사람도, 모두 환하게 웃으면서.

길을 걷다가도 문득, 시선을 빼앗기는 장면들.
나는 그런 순간 앞에서 생각한다.
많이 튀지 않더라도 은은한 향을 풍기는 사람이고 싶다고.

6:45분 경북 상주행

달력에 파랗게 칠해진 숫자 하나
검정과 빨강 사이에 놓인 아침

기사가 앉은 자리를 빼고 나면
스물다섯 개의 의자가 남아있었다

매표소에서 쥐여준 차표에는
좌석번호 8번 도장이 반듯하게 찍혀있었다

내가 차지하고 앉은 자리와
짐을 부려놓은 옆자리를 제외하고도
심하도록 넉넉한 탓에 나는
부러 맨 뒷자리로 자처해 가 앉았다

그때 누군가 올라타는 소리 함박눈처럼 천천히 쌓이고
긴 터널 같은 복도를 지나 백발이 성성한 할아버지
굳이 내 옆자리에 와 앉는다

젊은 청년이 이른 시간에 어딜 가느냐고 물어
이 버스는 상주행이니 상주에 갑니다— 했더니

그게 아이고 누구 만나러 가느냔 말이다- 되묻기에
만난 지 오래된 사람 보러 가요- 하고 대답했다

차표 위에 적혀있는
소요시간 2시간 10분

그 길고 두꺼운 시간이
출입문과 내 자리의 거리만큼 멀다

도착하면 아침 묵어야지-하며
주머니에서 꺼낸 꼿깃꼿깃한 만 원짜리 한 장을
내 왼쪽 가슴팍 주머니에 찔러 넣는데

나는 심장에 칼이 꽂힌 사람처럼
온 몸을 부르르 떨었다

바다가 바람을 만나 파도를 일으키는 것처럼,
내 마음과 네 마음이 만나 서로를 위로하고 힘이 되는
작은 기적을 일으켰으면 하는 나의 바람.

다짐을 다짐

가만히 앉아서 올 한해 이루고 싶은 것을 적었다. 이루고 싶은 거라고 하니까 부담이 돼서 해보고 싶은 것으로 바꿨다. 그랬더니 마음의 부담이 줄어들었다. 꾸준하고 여전한 사람이 되는 것. 여전하지만 이전의 분위기와는 사뭇 다른 사람이 되는 것. 관계의 우선순위를 제대로 세울 것. 애매모호한 사람으로 살지 않을 것. 세상에 확실한 건 없다지만 확신은 가지고 살아갈 것. 슬플 땐 울고 기쁠 땐 웃을 것. 나를 위한 여행을 떠날 것. 떠나서 돌아올 것. 가지고 싶은 것보다 나눌 수 있는 것을 생각할 것. 많이 받으며 살았으니 이제는 주는 삶을 살 것. 얼마 못가 이 다짐은 옅어지겠지만 그때마다 이 글을 꺼내어 읽고 다짐 위에 새 다짐을 덧칠할 것.

다르고
틀리고

다르지만 틀리지는 않은 것.
어쩌면 이 작은 차이가 큰 차이를 만들지도 모른다.

모르는 것을 알고, 아는 것을 아는 것까지.
그래서 결국, 우리는 아주 조금 다르다는 사실을

그 차이를 인정하는 것까지.

결국, 두려움과 용기는 딱 한 발짝 차이다.
번지점프대 위에서 한 걸음에 의해 모든 게 결정되는 것처럼.

아래로 곤두박질치며 떨어졌다가 다시 하늘을 향해 솟아오를 것인가,
타고 올라온 엘리베이터를 타고 다시 허무하게 내려갈 것인가.

집에
가는 길에

달 옆을 지나는 비행기를 만났어요.
나는 팔을 뻗어 있는 힘껏 손을 흔들었지요.
누군가는 나를 바라봐 주길 기대하면서.
나와 비슷한 사람이 저 달에 살고 있다면,
반갑게 인사를 해줄지도 모르니까요.

하늘을 날고, 하늘에 떠 있는 것들을 좋아해요.
하얀 구름, 바람에 펄럭이는 연,
빛을 반짝이며 날아가는 비행기.
낮엔 하얗고 밤엔 노오란 달,
이름은 알 수 없지만 목소리가 예쁜 새.
그리고 누군가 놓쳐버린 풍선.

글의 무게

사람에게 몸무게가 있는 것처럼 글에도 무게가 존재한다.
그 무게를 잴 수 있는 기계가 이 세상에는 존재하지 않아서
저마다가 갖고 있는 생각의 양만큼만 측정이 가능하다.
같은 문장을 마주해도 느낄 수 있는 무게가 사람마다
다르다는 것. 내 세계를 넓히기 위해서 다른 세계를 더 많이
만나야 한다는 것. 정답은 아니지만 오답도 아닌 것.

진짜 행복하다고 느끼는 때가 언젠지
스스로에게 묻고 답할 때가 있었어.

너희를 만나고 알게 되었지.
사랑하는 사람들이 행복해하는 모습을,
아무런 걱정 없이 환하게 웃는 모습을 보는 거.

그게 내 행복이야.

사람을
사람하는 사람

방금 막 잠에서 깨어난 모습을 보여줘도 괜찮겠다는 마음이 들게
하는 사람. 사람의 마음을 편하게 만드는 사람. 그 사람은 어쩌면
마음을 만드는 사람일지도 모르겠다는 생각을 하게 만드는 사람.
그 사람도 가진 마음은 하나뿐일 텐데 주고 또 주는 사람. 받은
게 많아서인지, 가진 게 많아서인지 세상에 졌던 빚을 갚으려는
것인지 끊임없이 주고 자꾸 주는 사람.

사람이라는 말을 여러 번 발음하면 닳고 닳아서 만들어지는 게
사랑이라는 걸 알려준 사람.

사람을 사람하는 사람.

사랑해

내 앞으로 한 모녀가 지나갔다.

핸드폰 카메라를 켜더니 딸이 얘기한다.
"엄마 여기 봐",
"응? 이게 뭔데?",
"에이– 그냥 봐. 찰칵"
그리고 다시 갈 길을 걷는다.
'사랑해'라는 말을 참 여러 가지로 할 수 있구나.

'ㅁ'

기쁨 서러움 설움 슬픔
그리움 아픔 배고픔

'ㅁ'으로 마치는 글자들에서 느껴지는 감정.
예쁨 아름다움 보고픔 사랑스러움 등등.
문득 든 생각.

시

하늘에도 길이 있다는 사실
보이지 않아도 존재한다는 사실

당신은 알고 있는지

바람이 내달리는 소리를 듣고 싶다면 숲으로 가세요.
자신의 심장소리를 듣고 싶다면 두 눈을 감아보세요.

사랑하고 싶다면 지금, 하세요.

어느
주말 아침

비가 부슬부슬 내리던 주말의 아침.
전화기의 알람보다 창을 통해 방 곳곳에 내려앉는 햇빛과 엄마의
목소리에 눈을 떠 하루를 시작했다.
반쯤 감은 두 눈으로 더듬더듬 거실로 걸어가 소파에 누워 멍하
니 창밖을 보다가 "아침 먹자"하는 소리에 몸을 일으켜 식탁으로
옮겼다.

기적이라는 생각.

사랑하는 사람들과 함께 아침을 맞이하고,
한 식탁에서 커다란 냄비에 담긴 김치찌개에 숟가락을 섞어가면서
아무렇지도 않게 밥을 먹는 일. 식구.

다시,
기적이라는 생각.

일상의 순간들은 평범해서 소중하다.
당연하다고 여기는 순간 모든 것은 의미를 잃는다.

매 순간을 느끼며 기억하고 기록하는 일.
수많은 날 동안 일기와 카메라를 손에서 놓을 수 없는 이유가
바로 여기에 있다.
의미를 남기기 위해. 남긴 그 의미를 전하기 위해.
소중한 것은 지킬 수 있을 때 지켜야하니까.

'오래 책방'

보수동 구석진 골목길
'오래된 책방' 간판에서 '된'자 하나가 빠져나간 '오래 책방'
입구 안쪽 뿌옇게 쌓인 먼지 아래로 잠들어 있는 글자들이
잠꼬대처럼 꿈틀거렸다.

숲에 온 것이라는 착각.
전생에 나무였던 책들은 가늘고 목마른 눈으로
연한 빛을 갈구하였다.
물을 줄 수 없어서 눈빛 몇 푼만을 얹어주었다.

돌 위에 쌓여진 돌 같이
시간을 쌓아 올린 글자들이
사람과 사람 사이를 유영하는 꿈을 꾸었다.

삼천 원짜리 행복

8km였다.
우리가 함께 걸었던 거리는.

걷다가 편의점에 들러 네가 집어든 3,000원짜리 폭죽을 샀다.
46초의 행복.

심지에 불을 붙이고, 파랗게 타오르는 불빛을 보며
까만 밤하늘에 붉은 비행을 하던 불꽃이 참 아름다웠던

밤. 바다. 시간.

내가 닮고 싶었던 세상은

어떤 모습이었을까.

2019.09.29

이제는 정말 혼자라는 생각.
무언가를 해야 할 것 같은 기분에 사로잡혔는데 무얼 해야 할지
몰라 오래 가만히 있었다.

옷가지들을 정리하고 집안 구석구석의 묵은 때를 벗겨냈다.
무릎으로 바닥을 이리저리 쓸고 다녔더니 입고 있던 옷의 무릎부
분이 하얗게 변했다. 동네를 한 바퀴 돌면서 길을 익혔고 배드민
턴을 칠 수 있는 체육관에도 다녀왔다. 따릉이 자전거 한 달 정기
권을 결제했으며 신나는 마음을 안고 한강을 내달렸다.

집으로 돌아와 벽지에 좋아하는 사진들을 이어 붙였다.
오늘 밤엔 무슨 꿈을 꾸게 될까.

무엇을 먹을까 어떤 옷을 입을까
어디로 여행을 갈까 고민하는 것처럼
잠잘 때 꾸는 꿈도 고를 수 있었으면 좋겠다.

좋아하는 노래를 틀어 놓고,
타닥타닥 모닥불 타는 소리처럼 자판을 튕기는 밤,
낯선 천장과 방의 구조.
모든 것이 어색하지만 곧 어색함이 어색해질 정도로 편해지겠지.

서울에 살고 싶다던 소원이 결국 이루어진 날.

한 사람의 생각을 글로 옮기고 그 글이 쌓여 세상에 태어나고
태어난 문장들이 다른 사람들에게 읽히고 읽은 사람들이 느낀
또 다른 생각들이 다시 글로 옮겨지는, 이 우주의 순환이 나는 기쁘다.

조금은 특별한 길을
걸어보는 게 어때?

조금은 특별한 길을 걸어보는 게 어때?

매번 가는 술집도 좋지만, 새로운 곳을 찾는 도전을 해보자.
언제까지 가던 곳만 갈 거야. 삶이라는 게 여행하고 닮은 구석이
참 많아. 익숙하고 편안한 곳이 주는 느낌도 좋지만, 낯선 장소와
사람 사이에서 조금은 두렵고 어색하면서도 그 안에 담긴 설렘과
떨림을 발견하는 일을 찾아서 해봐야 하지 않겠어?
누군가가 너를 데리고 어딘가로 떠나주길 기다려서는 희망이 없어.
산티아고 순례 길을 걷고 싶다고 했지? 네가 꼭 그 곳을 걸어야
한다면 어쩔 수 없지만 세상엔 정말 많은 길들이 있어.
오직 너만이 할 수 있고 갈 수 있는 길을 찾아봐.

살면 살수록, 아니 어른이 되어갈수록
왜 모르는 게 자꾸 더 많아질까.

각별

술을 마시다 옆 테이블에서 흘러 들어온 얘기가 고등어 등어리처
럼 새파랬다. 아무도 모르게 주머니에 그 소리를 반으로 접어 넣었고
집으로 가는 길 내내 왼쪽이 무거웠다.

인생의 여러 문제 앞에서
문제를 읽다가 문제를 풀다가 도저히 모르겠으면 별표를 치라고.
그 별을 모아서 바다로 가져가면
별은 파도에 깎여 각을 잃고 원이 될 거라고.

그림자가 엎질러져 있던 밤의 하늘.
흩어져 있던 별빛들을 쓸어 담느라 내 손바닥엔 이토록 금이 많을까.

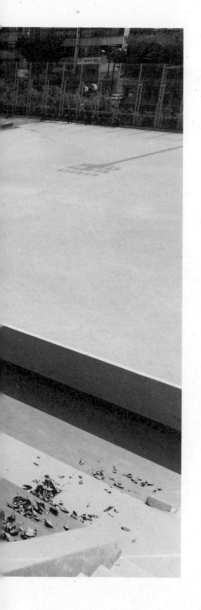

바람이 지나간 자리를 돌보는 사람

수취인 불명

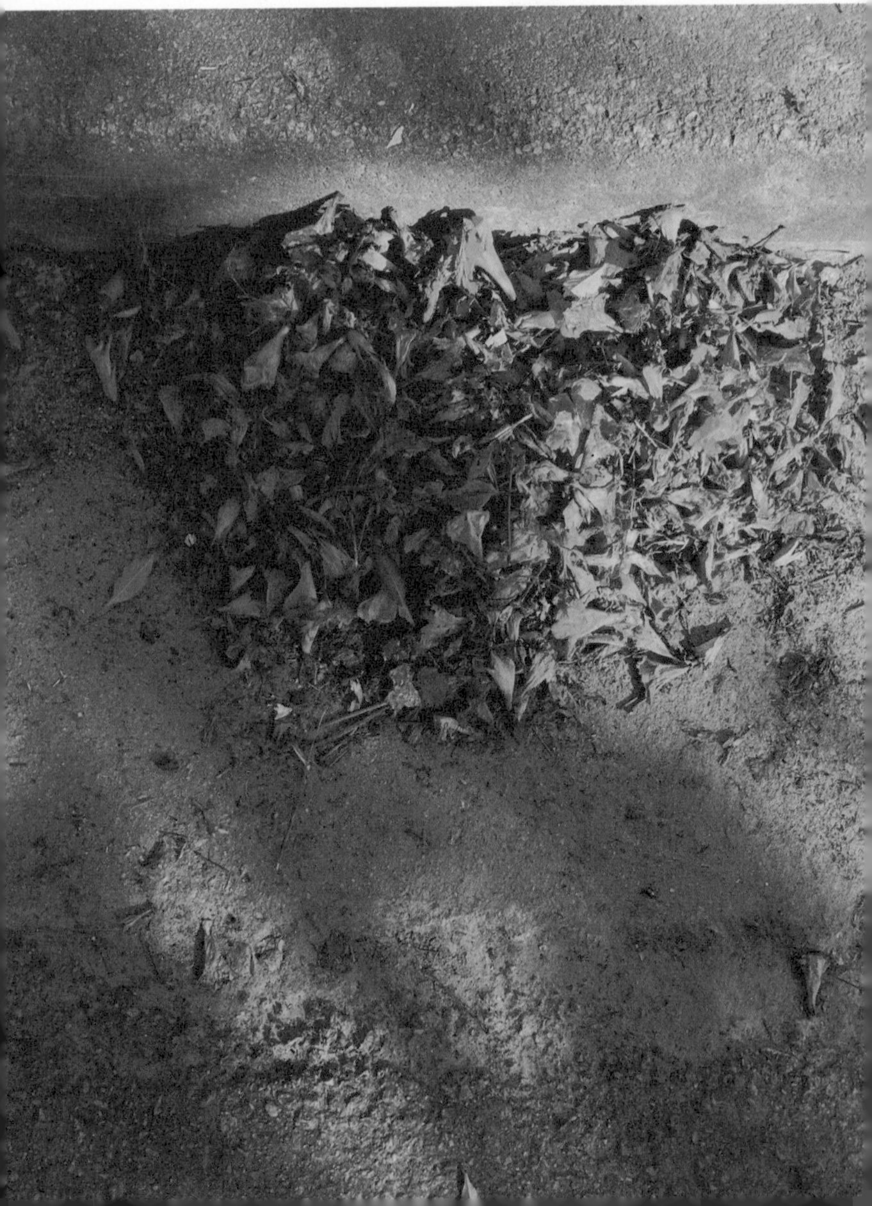

가을이 왔다는 건 매일 아침에 듣던 노래를 저녁에 들어본다거나 자주 지나는 골목길의 샛길을 궁금해 하거나, 평소보다 하늘을 많이 올려다보는 일이나 애써 공들여 만진 머리가 부는 바람에 헝클어진다 하여도 괜찮고 자꾸 더 괜찮아진다는 말. 손을 맞잡고 걷는 일이 잦아지거나, 만질 수 없지만 분명 존재하는 마음이나 눈빛 같은 것들을 이전보다 많이 나누게 되리라는 것. 문득 떠오른 사람에게 잘 지내냐는 안부를 묻고 싶게 만들고 혼자 웃는 일이 더 이상 슬프지 않게 된다는 말. 먼 길로 보낸 편지봉투 위에 수취인불명이란 붉은 글자가 찍혀 다시 내 앞에 놓이게 된다고 해도 이전만큼 아프지 않을 거라는 말.

새해 첫 날

한 해의 마지막 날 밤 PM11:59분.
사람들은 이 때 무슨 생각을 할까.
마음속으로 '안녕, 고마웠어. 조심히 잘 가,
많이 보고 싶을 거야.'같은 말들을 속삭일까.
이번 해에는 이루지 못한
사랑과 취업의 성공을 기원하며 두 손을 모을까.

나는 지난 아쉬움과 서운함은
털어내고 조용히 내 이름 세 글자를 발음하거나
스스로를 다독이며 새해를 맞이한다.

00:00분이 되는 순간 사람들은 일제히 환호성을 지르며
박수를 쳤다. 박수 소리와 파도의 철썩이는 소리가 더해져
화약 같은 것이 터지는 소리가 났는데
저 먼 곳에서 누군가 폭죽을 터뜨리고 있었다.

떠남과 옴의 맞닿음.
그 사이에서 우리는 그렇게 잠시 동안 하나가 된다.
사랑하는 연인들은 입을 맞추고 가족들은 서로를 끌어당겨
포옹하거나 손을 맞잡았는데 잠시 기도를 하는 것처럼
보이기도 했다. 나는 그 모습을 눈에 넣고 눈을 감아
장면을 삼켰다.

올해에도 어김없이 내 소원은 건강하고 행복 하는 것.
아낌없이 남김없이 숨김없이 사랑하는 것.
용기가 필요한 순간에 주저하지 않는 것.
해보지 않고 후회하는 것보다 깨지더라도 일단 부딪혀 보는 것.

작년과 마찬가지로 같은 소원을 다시 빌었다는 건,
아직 다 이루어지지 않았거나 이루지 못한 것.

이루지 못했다는 것.
간절하게 빌 수 있는 소원이 남아있다는 것에 대한 감사.

나도 모르는 사이 이미 이루어진 것들에 대한 감사.
일 년 뒤의 오늘도 내년을 기약하며 기도할 수 있기를 바란다.

잠시 길을 잃다

산에 오르고 싶다.

어느 산이든 나를 받아주는 곳이라면 그곳이 어디라도 좋겠다.
오르면서 무거운 생각들을 조금 내려놓고 싶다.
돌아 내려오는 길에는 그것들이 아는 체를 해도 모르는 척
고개를 돌리거나 잠시 눈을 감아서라도 떼어놓고 오고 싶다.
그러다 어느 한밤중에는 버려두고 온 생각들이 떠올라
그 길로 산을 향해 오르는 꿈이라도 꾸고 싶다.

갑자기 퍼붓는 소낙비에 우산도 우비도 없이 흠뻑 젖거나
살짝 미끄러져 발목이 삐끗하더라도 조금 더 과감해지고 싶다.
무엇이 부족했고 무엇이 과했는지를 알아내고 싶다.
그래서 아주 나중엔, 많이 웃으면서 지내고 싶다.

영원한 나의 숙제.

경계

하늘과 바다의 경계를 분간하지 않겠습니다. 일시적인 다짐이 될지도 모르겠으나 꿈과 현실 사이 또한 헤아리지 않겠습니다. 새가 되었다고 착각하며 동시에 물고기인 줄도 아는 사람이 되겠습니다. 오래 숨을 참고 가끔 수면 위로 나타나 하늘에 다녀오는 꿈을 꾸었던 날의 다짐입니다.

고래와 나무

우리 안에는 저마다의 추운 날들이 여럿 살고 있지만
다가올 따스함이 그 모든 것을 녹여버리지 않도록
소중한 것은 깊숙한 곳에 넣어두고 오래 간직해야지.
때론 차가운 것들이 번쩍 정신을 차리게 도와주니까.

검은색 옷

내게는 없는 것들을 그려내느라 애먹은 적 있었다.
만나본 적 없는 사람을 끊어내느라 애쓴 적도 있었다.
바람이 문을 닫고 닫혀있던 창을 열면 옆집의 개 두 마리가
사람이 반가워 짓는 소리.
점심을 거르고 뒷마당으로 가 잡초를 뽑았다.
뽑힌 자리는 텅 비었고
주인이 없는 자리에 더는 심을 것이 없었기에
굳어진 이름들을 안주머니에서 꺼내 평편하게 묻고
흙으로 묻어주었다.

떠난 사람은 아무도 없었는데 하늘은 검은색 옷을 입고 있었다.

마음엔 성장판이 없으므로

운동과 글짓기를 게을리하지 않을 것
놓을 때를 알아차리되 놓치지는 않을 것
걷다가 가끔 뒤를 돌아볼 것
돌아보겠으나 돌아가지는 않을 것
안으로, 점점 더 안으로 파고들 것
엉뚱하지만 그만큼 무거운 덩어리를 가질 것
결과도 중요하나 과정을 잊지 않을 것
주어진 시간에게 최선을 다하며 살 것
가능한 만큼 아프고 능가할 만큼 성장할 것
멈춘 키는 어쩔 수 없지만
마음엔 성장 판이 없으므로
하늘까지 가닿을 것
소중한 것을 잃지 않을 것
무엇이 소중한지를 잊지 않을 것

자주 봐요 우리, 자주 어려우면 종종요. 종종도 어려우면 가끔.
가끔도 어렵겠다면 우연히요.

자신만의
계절을 만드는 일

건들면 툭하고 터져버릴 것만 같은,
풍선처럼 부풀어 오른 마음 안에는 사계절이 담겨 있다.
마음은 상하지 않는다.
언제든 좋아하는 마음만이 마음의 몸집을 키운다.
마음을 살찌우는 건 사람의 마음이고 커다랗게 자란
마음만이 계절을 변하게 한다.
봄 여름 가을 겨울. 계절과 계절 사이에
자신만의 계절을 만드는 일. 내가 나를 사랑하는 일.

기다림

2월 초겨울,

제주에 있는 동백군락지에서

이미 다 떨어진 꽃들을 바라보며 다음을 기약했다.

우리에게 나중과 다음이라는 시간은 언제까지 허락될까.

새벽 일기

새벽을 깨우는 사람들
가장 먼저 하루를 시작하는 사람들
모두가 잠든 작은 우주 속에서
미세한 떨림과 진동으로 울림을 주는 사람들
깜빡이는 주황색 신호등과
텅 빈 가게의 공허와
두둥실 하늘 높이 떠 있는 마음들.

잠과 밤의
사이에서

중요한 일을 앞둔 밤에는 잠이 저 멀리 달아납니다.
잠들지 않아도 같은 꿈을 계속해서 꾸기 때문일까요.
지금은 눈을 감아야만 보이는 것들이
곧, 눈을 떴을 때에도 눈앞에 있기를 바랍니다.
오랜 시간이 흐른 뒤에도 이 마음이 여전하길 바라는 건 욕심이
겠지만 그래도 곁에 조금 오래, 머물면 좋겠습니다.
오랫동안 꿈을 그리는 사람은 마침내 그 꿈을 닮아간다고 했으니까.
나는 이 말이 거짓이 아니란 걸 믿으니까.

시간 여행

자작나무가 자작나무로 불리지 않는 숲에서
우리는 모두 다른 나무였습니다

하양 아니면 검정
동그란 것은 구르기를 좋아하고

물고기 이름을 외우는 사람과
운전하는 사람
길을 찾는 사람과
이 세 사람을 지켜보는 한 사람이
비슷한 각도로 숨을 쉬었습니다

길게 뻗은 도로 위에서
졸린 눈을 부비며 혼잣말을 중얼거렸습니다

'순간을 반으로 자르면 순간순간이 될까요.'

가려는 곳은 멀기만 한데
눈발은 점점 거세게 쏟아져 내리고

눈빛은 그것들을 받아내며
아주 천천히 투명해질 것입니다

비행기
안에서

비행기에 내 책을 두고 내렸어.
내가 쓴 책이라면 더 좋겠지만 내가 읽으려고 가져온 책.
그 책은 누구에게 발견될까.
누군가 발견하면 집으로 데려갈까?
책 안에다 잘 부탁한다고 비밀편지라도 써놓을 걸.

내가 앉았던 자리에 앉게 될 누군가가 '이게 뭐지?' 하면서 읽게
될까. 그 책이 한 자리를 떡하니 차지하고 앉아 여러 사람에게
읽히면 좋겠다고 상상해봤어.

비행기 안에선 오랜 시간동안 가만히 앉아 있잖아.
동영상을 보거나 노래를 듣거나 창밖을 바라보거나
가끔씩 꾸벅꾸벅 졸기도 하고. 그러다가 모르는 사람의 어깨에
잠시 기대어보기도하고. 잠에서 깨어나서는 사랑하는 사람을
생각하거나 사랑했던 사람을 생각하거나.

비행기가 점점 높은 곳으로 올라가고 있어.
모든 게 작아 보이는구나.

자동차도 사람도 구름도 시간도
천천히 흐르는 것만 같아서 나는 이 순간을 참 좋아해.
창밖엔 마알간 바다와 하얀 배와 푸른 산들과 사람 사는 집의
지붕들이 보여. 나중에 나는 어떤 집에 살게 될까.

누군가는 내가 탄 비행기를 보며 손을 흔들고 있을지도 몰라.
나도 저 아래에 있을 땐 비행운을 남기며 날아가는 비행기에
대고 손을 흔들어. 누군가 봤으면 하는 마음을 가지고.

손을 흔드는 사람끼리 텔레파시가 통했으면 좋겠어.
잘 가라고, 잘 있으라고. 고마웠다고. 다시 오라고.
나와 비슷한 생각을 하는 사람이 있을까? 있다면 꼭 한 번
만나보고 싶어.

생각을 들을 수 있다면 좋겠어. 서로가 원할 때만.

안전벨트 착용 표시등이 꺼졌어. 사람들은 의자를 조금씩
뒤로 눕히고 하나 둘 눈을 감기 시작해. 너는 비행기를 탈 때 잠
을 자기도 하니? 아니면 하늘에 떠 있는 그 시간이 너무 행복해
잠들지 않으려 애를 쓰는 편이니?

가끔 비행기가 크게 흔들릴 때가 있어. 그때마다 나는 추락하면
어쩌지? 하는 무서운 상상을 해. 엄마 아빠한테 사랑한다고
어젯밤에 이야기 할 걸, 망설이지 말 걸. 동생들한테 맛있는 거
사먹고 예쁜 옷 사 입으라고 용돈이라도 조금 더 줄 걸.

싸우고 아직 화해하지 못한 친구들에게 내가 먼저 미안하다고
사과할 걸. 결국 마지막엔 다 괜찮을 텐데.

비행기가 출발할 때 안내해주는 승무원들의 방송을 잘 들어놓을
걸. 산소마스크는 어떻게 쓰는 거였지? 구명조끼는 어떻게 입는
거였지? 마지막을 생각하면 모든 것이 소중하고 아쉬워져.

마지막에 생각나는 사람들이 있잖아. 가족들. 엄마 아빠 동생
할머니 할아버지 좋아하는 친구들 한 때 좋아했던 친구들.
그 사람들에게 오늘이 마지막이라 생각하고 안녕을 묻는 건 어떨까.
마지막이 언제인지 알 수 없는 우리는 항상 마지막을 살고 있는
거니까. 우리는 왜 마지막엔 늘 후회를 하는 걸까. 마지막에 낼
수 있는 용기를 왜 마지막일지도 모르는 지금은 낼 수 없는 걸까?

지금 이 글을 읽는 네가 비행기에 두고 내린 내 책을 발견했으면
좋겠다는 생각을 했어. 비행기를 타고 하늘을 날며 읽히는 책이
라면 더 멋지고 좋을 것 같아서.

잠에 들었다 깨어나면 다시 적을게.
여기까지 읽어줘서 고마워.
너도 피곤하다면 잠깐 눈을 감아.
숨을 크게 마셨다가 내쉬어보고.
지금 좋아하는 사람 있으면 이름 한 번 불러보고.
안녕. 또 만나.

우연의 무게

숨이 끊어지면
눈동자의 색을 잃는 물고기가
오래 굶주린 사람의 손에 잡혔을 때

울었을까 포기했을까 기도했을까

살기 위해
산 것의 숨을 끊어 냈다면

그것은
얼마큼 잘못인가
얼마나 다행인가

자기소개

물건을 들이면 거기에 애정을 담는 사람.

그 기능이 다하고 생을 마칠 때까지, 끝까지 쓰고 곁에 두는 사람.

가끔은 물건들에게 생명을 선물하고 말을 거는 사람.

버릴 줄을 몰라서 항상 가득한 사람.

남들처럼 높게 쌓으려다가 우르르 쏟아져 옆으로 넓어지려는 사람.

사람을 좋아하는 사람 그러니 사람에게 미움도 사랑도

질투도 시기도 많이 받는 사람.

좋아하는 사람을 만나면 나도 모르게 웃어버리는 사람.

쓰러질 것 같다가도 좋아하는 일에 대해 말을 잇기

시작하면 눈에서 빛이 나는 사람.

우연히 들어간 술집에서 흐르는 노래에 자주 반하는 사람.

어린 왕자를 좋아하는 사람.

나중이라는 시간은 없다고 믿으면서도 계획하심은 있다고 믿는 사람.

무엇이 될지는 잘 모르겠지만 뭐가 되든 될 거라는 걸 확신하는 사람.

나는 그런 사람이다. 당신은?

상처가 나면
그 자리에 계절을
덧붙이는 사람

허허벌판에 덩그러니 놓인 자그맣고 조용한 빵집. 장작불로 화덕
을 덥혀 밀가루 반죽을 부풀리고 그 안에는 앙고나 치즈크림 그
리고 간혹 눈빛 같은 것들도 함께 넣어서 맛에 찔리고 마는 일이
생길 것만 같은 곳. 그곳에 당신과 함께 가고 싶다. 아니면 그곳
에서 우리가 아주 우연히 마주치거나.

행복을 찾아서

사람들이 행복을 찾는 방식은
세상에 존재하는 사람의 수만큼이나 다양하다.
그러다 닮아 있거나 비슷한 방법으로
행복하게 웃고 있는 사람을 만나면 사랑에 빠지는 거겠지.

가끔, 어딘가로 떠나는 생각을 합니다. 행동으로 옮기기까지 조금 오래 걸리는 사람입니다. 술을 좋아하지만 자주 마시지는 않습니다. 취하면 용기가 생긴다고 믿습니다. 책을 읽고 사람을 만나는 일을 좋아합니다. 사진과 글을 애정하고 기억을 기록으로 옮기는 일이 계속되면 기적이 일어난다고 믿습니다.

삶의 작은 우연들에 기대어 살고 싶다. 돌이켜보면 의도하지 않아도 의도했던 것보다 더 좋은 과정이었다거나 처음 가 본 장소에서 누군가를 만날 것만 같은 이상한 기분에 휩싸였는데 정말 그 누군가를 만나거나 하는 일들. 깜짝 놀랐지만 그게 기쁜 일들. 오늘은 사정상 쉽니다, 같은 너머가 궁금해지는 문장들 앞에서 안쪽의 안쪽까지 걱정하는 일들까지.

행복

언젤까? 하다가 지금이구나– 했던 순간들.

생의 마지막 순간

나는 책을 읽다가 생의 마지막을 보내고 싶다.
내가 가보지 못한 곳을 글로 읽으며 상상하고 생각하다가
숨을 거두는 그때에 나는 내가 상상하고 생각했던 곳으로
가게 되리라 믿기로 했다.

내 곁에 남은 사람들도, 내가 그리 멀지는 않은 곳으로 갔다고
생각했으면 한다. 다시는 돌아오지 않겠지만,
그곳에서 영원히 그리고 편히 쉬고 있다고 믿었으면 좋겠다.

길 위에서

사람을 사랑하는 날에는 길을 걷다 멈추는 때가 많고.
박준 시인님의 북 콘서트에서 선물 받은 문장이야.
집으로 돌아가는 길에 몇 번이나 길 위에서 멈췄는지.
너는 알고 있을까.

반과 그 절반

하나를 반으로 나누고 그 나눈 반을 또 반으로 나누어
당신과 나눈다는 사실이 벅찼다.
나누는 것이 하나도 아깝지 않다는 생각은 오랜만이었다.
이를 드러내고 활짝 웃고 싶었다.
내가 가진 손을 입을 가리는 데 사용하지 않고
지금처럼 당신에게 줄 무언가를 반으로 나누고
자르고 하는 데에 평생 쓰고 싶다.
닳아서 소멸해도 좋으니 오래도록 그랬으면 좋겠다.
내게 그런 시간이 허락되었으면 좋겠다.

우리가 어느 날

우리가 어느 날 우연히 마주치더라도
곁에 지금 사랑하는 사람과 함께 있는 것 같다면
그냥 스쳐 지나쳐요
한때 서로에게 반짝였던 눈빛만 기억하고
서로의 안녕을 기도하면서
우리 조금 슬프더라도
그렇게 지나쳐요

12월 1일
~3월 31일

위 기간에는·통행금지라는 말일까.
바구니 한가득 장을 미리 봐두라는 뜻일까.
좋아하는 사람을 아주 많이 만나라는 말일까.
그것도 아니라면 실컷 사랑하라는 걸까.

섬

두열 우리 이제 두 번째 보네.
네가 섬이라면 너에게 바다가 되어주는 건
사람이라고 했었지.
그 기억이 나서
엽서를 골라봤어.

From. 현지

시간은
우리를 자꾸
나중으로 데려가

오랜만에 방 청소를 하다가 예전에 선물 받았던 비타민 한 상자가 나왔어. 유통기한이 훨씬 지난 거였고, 통째로 버릴까 하다가 안에 들어있는 내용물을 비우고 통은 재활용하려 했는데 있지, 바닥에 편지가 적혀있었어. 3년이라는 시간이 지나서야 발견한 거야. 그 안에는 '행복했던 우리'가 있더라. 못 보고 지나쳤으면 어땠을까. 하필 왜 오늘 난 청소를 하겠다는 마음을 먹고, 그 안에 오래 갇혀있던 편지를 어쩌자고 세상 밖으로 건져낸 걸까. 시간은 우리를 자꾸 나중으로 데려가. 예전에 우리는 나중을 약속했었고. 그 나중이 바로 앞에 도착한 것 같은데, 우리는 여기에 없네.

잘 자, 아니 잘 지내.

주머니가
없는 사람은
걸음이 빨라져

지하철을 타고 가는데 저쪽에 서있는 사람이 코까지 골면서 꾸벅 꾸벅 조는 거야. 저 사람은 뭘 해도 해낼 사람이겠다는 생각이 드는 거지. 한 번에 여러 일을 해내는 것도 정말 대단하지만, 서서 중심을 잡으며 자는 건 굉장한 기술이 필요한 거잖아. 옆으로 다가가서 말을 걸고 싶었어. 어디에서 왔냐고, 어디로 가는 중이냐고. 어디쯤에서 내릴 거냐고. 이쪽에서 편히 자고 있으라고. 도착지에 가까워지면 깨워주겠다고.

말을 하지 못하는 사람이었어. 아니 어쩌면 너무 많은 말을 해서 더 이상 하기 싫은 사람일지도 모르지. 이전에 배웠던 수어로 만나서 반가웠다고, 잘 지내라고 했어.

그 사람은 내리고 나는 자리에 앉았어. 내 앞의 사람은
'호밀밭의 파수꾼'을 읽고 있어. 내가 저 책을 읽었던가.
날이 갑자기 추워지면서 사람들은 주머니에 손을 푹 찔러 넣고 걸어. 사랑하는 사람들끼리는 손을 꼭 잡고. 나처럼 주머니가 없는 사람은 걸음이 빨라져. 어딘가에 먼저 도착하려는 게 아니라, 지금 여기를 벗어나려고.

계절의 속도

계절의 속도를 따르려거든 우리의 마음이란 것이 어디에 있는가를 끊임없이 확인할 것. 계절과 나란히 걸으려거든 하늘을 자주 올려다볼 것. 계절과 마주 보며 살려거든 많이 웃고, 울고 또 넘어지면서 살 것.

마음의 좌표

사람이 다른 한 사람을 좋아하는 마음의 모양은 좋아한다는 말과 함께 건네는 그 무엇이, 그 순간 그 사람이 품은 마음의 모양일지도 모른다는 말. "마음이 어디에 있어?"라는 질문은 마음의 좌표 혹은 위치 따위를 묻는 것이 아니라 마음의 주인이 자신임에도 마음대로 되지 않기 때문에 생겨난 물음이라는 것을.

안팎

네모난 세계가 있다
네모난 하나의 세계가

있었다, 안쪽에

띵동 띵동
"계세요"
쿵쿵쿵쿵
"안에 아무도 안 계세요"

심장이 답을 했다
쿵쿵 쿵쿵
'여기 있습니다'
'여기 안쪽에 있습니다'

안쪽엔
누군가 있었다
하나의 세계가
바깥은 모르는

유리창 너머로는
"고장난 세탁기 냉장고 에어컨- 삽니다"

내게는 무해한 말들이
예고도 없이 여러 갈래로 심기고

그때
무언가 부딪히는 소리

사람이 떠난 자리엔
네모난 세계가
놓여있었다
작고 네모난 하나의 세계가

있었다, 바깥쪽에

나머지를
뺀 나머지

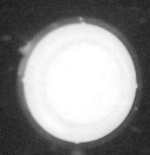

나머지를 뺀 나머지
지나간 어느 겨울 날
집으로 가는 길 위에서였습니다.

쏟아질 것이라고는
눈 비 달 별 빛을 뺀
어느 무엇도 되지 못한 것들이 전부였겠지만
누군가를 기다리는 사람처럼 자주 하늘을 들여다보았습니다.

그때 들리는 소리.
'이미 지나갔습니다.'
지나가면 다시는 돌아오지 않습니다.

바랐던 것처럼 눈은 쏟아지고, 졸음도 함께 쏟아졌다.
운전석은 반대쪽에, 보고 싶은 사람은 아주 멀리에 있었다.

살다가 어떤 날이 너무 그리우면,
꿈속에서 그날이 나를 찾아올 거라고 당신이 말했었다.
내게는 어제가 그랬다.

그때 나는 혼자였고, 누군가의 인사가 그리웠으니까

그때 나는 혼자였고
누군가의 인사가 그리웠으니까

초판 1쇄 발행 2020년 1월 10일
초판 5쇄 발행 2025년 2월 5일

지은이   윤두열

사진   윤두열
편집   윤두열 아침
디자인   아침

ISBN 979-11-675-6073-5
ENFJ 920-6-01-DY
값 15,000원
이메일 duyeol0601@naver.com
인스타그램 @dooyory

어떤 글은 사람을 껴안는다고 생각합니다. 서로를 안아줄 수 있는
사람들이 더 많아졌으면 좋겠다는 마음으로 글과 사진을 한곳에
모아두었습니다. 부디 그럴 수 있기를 바랍니다.